AF403904

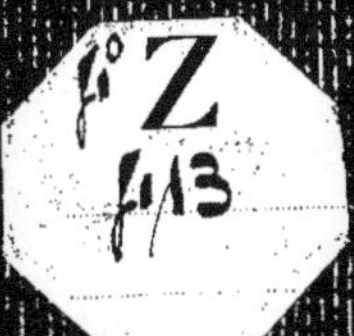
f° Z
f.13

2e ANNÉE
EXPOSITION INCOHÉRENTE
DES ARTS INCOMPRIS
ORGANISÉE PAR LA SOCIÉTÉ GALLINOPHILE
LA POULARDE
Le vingt-neuvième jour
de Janvier de l'an de haulte
graisse mil huit cent quatre-
vingt-septième.
BOURG, IMPRIMERIE VILLEFRANCHE

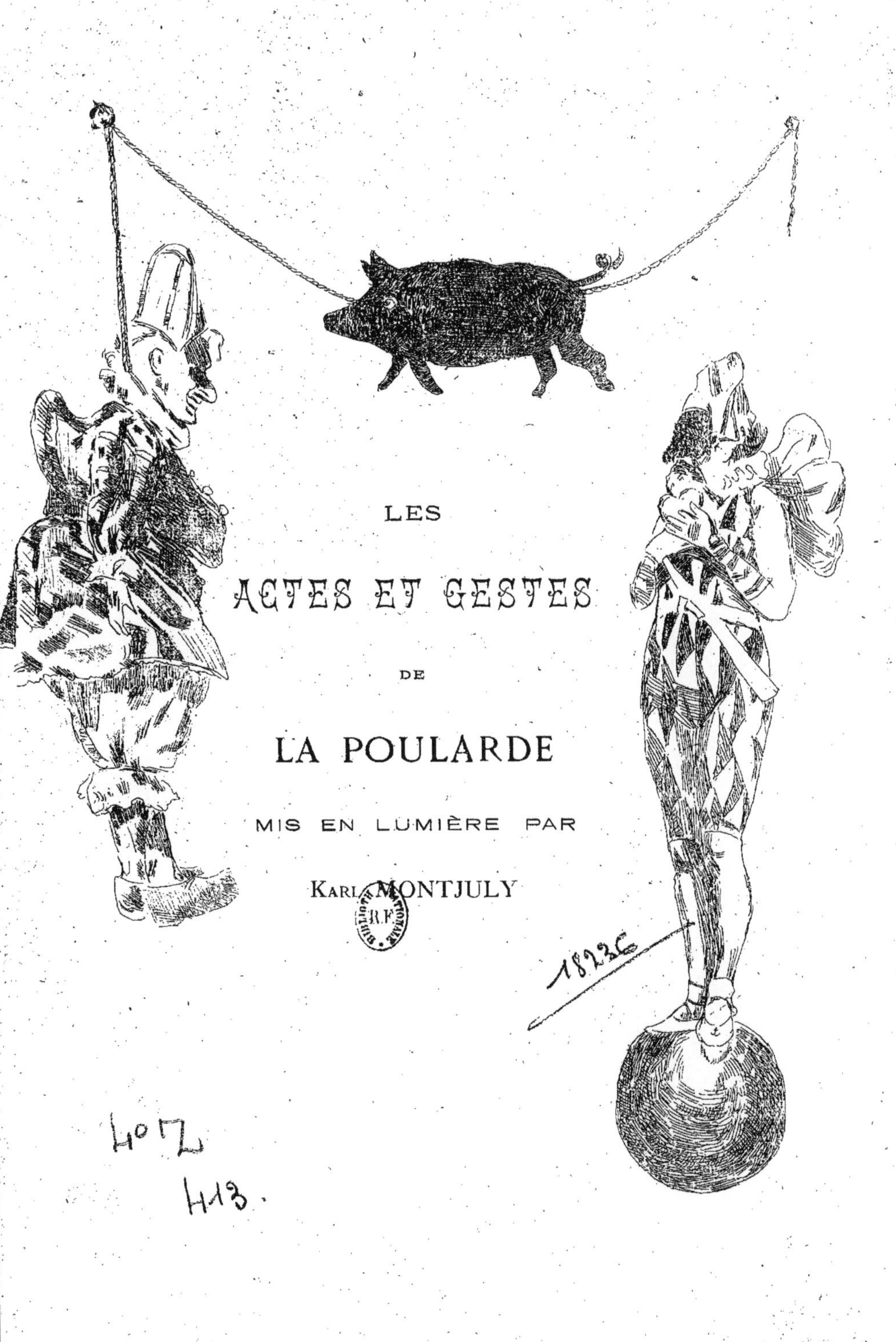

LES
ACTES ET GESTES
DE
LA POULARDE

MIS EN LUMIÈRE PAR

Karl MONTJULY

2e ANNÉE

EXPOSITION INCOHÉRENTE

DES ARTS INCOMPRIS

ORGANISÉE PAR LA SOCIÉTÉ GALLINOPHILE

LA POULARDE

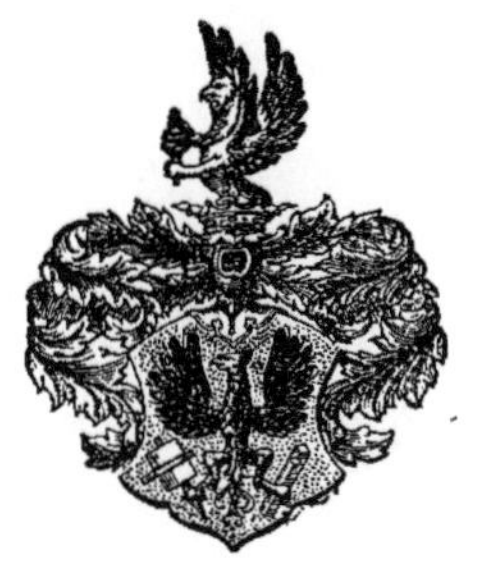

BOURG

IMPRIMERIE VILLEFRANCHE

—

1887

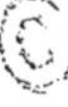

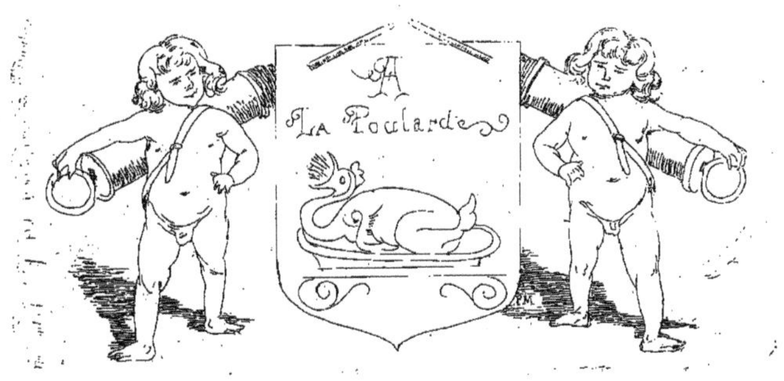

DÉDICACE

C'est à vous, ô mes bons amis, les joyeux et chers Incohérents dont je suis heureux de partager l'incomparable privilège de voir les choses tristes par le gros bout de la lorgnette ; à vous qui écrasez les microbes de l'existence sous le rire rabelaisien que le bon curé de Meudon nous a légué pour nous aider à passer la vie, comme un pont aide à passer une rivière : A vous, les écuyers de la folie aimable, qui prenez en croupe toutes les gaîtés ; c'est à vous, élixirs ambroisiens et précieux d'une secte que j'aime, que je dédie ces esquisses, ces croquettes de ris — je veux dire ces croquis qui vont suivre.

Ce livre est à vous : Puisse-t-il vous en procurer une autre de bon sang, tout en en manquant lui-même.

Si j'ai la bonne fortune de vous dérider pendant cinq minutes et de fixer pour quelques jours dans vos esprits les exploits de la Poularde, je serai satisfait.

VIVE L'INCOHÉRENCE

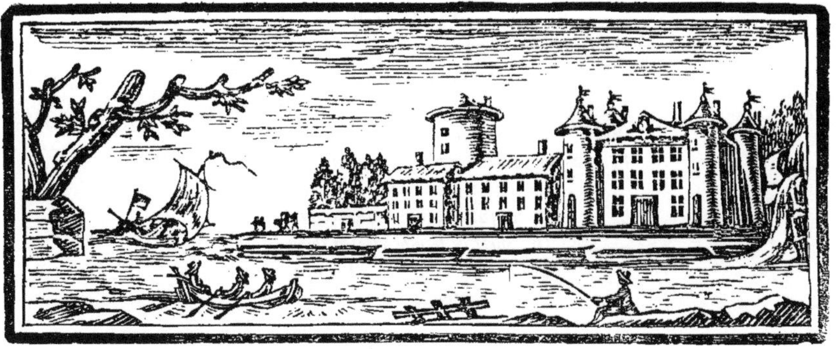

CHAPITRE Iᵉʳ

DE LA REDOUTE

Ouvrez-moi la porte pour l'amour de la Poularde. (Chanson à faire sur un air connu, ayant pour but de fonder une société.)

En ce temps-là, un désespoir énorme prit aux cheveux une secte, aimable entre toutes, et qui soupirait vainement après une idée pratique, vierge ou à peu près, pour donner la vie à un projet embryonnaire qui nageait vaguement dans l'esprit de quelques-uns.

Or, dans les derniers jours de novembre mil huit cent quatre-vingt-cinq,

Alors que la nature
N'avait plus de parfum, n'avait plus de verdure,
Qu'on voyait les dernières feuilles s'envoler
Et que chacun était prêt à se désoler,
Un grand événement eut lieu.
Ce ne fut pas un rendez-vous
Qui mettait le ciel sur la terre !
Ce ne fut pas un de ces coups
Qui se passent dans le mystère !!!

Une commission d'organisation, dont les membres étaient triés sur le volet, fixait le premier dîner et la première exposition de la Poularde, au 23 janvier 1886.

Les hommes forts naissent l'hiver, dit-on ; c'était une chance pour la Poularde de prendre naissance dans le cœur du mois blanc (je dis blanc à cause de la neige) et quoiqu'au printemps, comme en été, on édifie à moins de frais, puisque les mois sont des mois longs, j'insiste cependant pour bien augurer de la Poularde.

Ce fut une belle réunion que cette réunion artistico-dinatoire : de belles âmes, bien montées sur de bons ressorts, véhicules de la joie, urnes de la franche gaîté, des mâles heureux de vivre, rien que des coqs, auteurs de la Poularde, ce porteplume qui représente la graisse sous d'appétissants dehors, des mâles partout enfin, car on avait remplacé les femmes comme, dans certaines représentations où les éléments font défaut, on remplace le chœur et l'orchestre par un dialogue animé.

Ce fut un beau dîner que chacun commença plus ou moins par la faim et rendit, selon ses moyens, spirituel et gai,

Où l'on sentait monter les atmosphères,
Sous les feux de l'esprit et sous le choc des verres.

Le désespoir obèse dont il est question plus haut et qui fut l'œuf d'où sortit la Poularde date du jour où la sombre dèche expulsa de la grande salle Carriat, tour à tour sanctuaire des grands hommes de notre contrée, et refuge des poulets gras de la Bresse, la société des amis des arts, morte, hélas ! bien morte aujourd'hui.

Un nuage noir planait sur la bonne ville de Bourg ; il manquait quelque chose ; on avait faim, on avait soif de n'importe quoi, pourvu que ce fut quelque chose qui pût remplacer cette malheureuse morte.

Au lieu de se lamenter, de badigeonner de leurs cervelles les murs de la ville, de faire des bornes-fontaines de leurs yeux, de perdre le grand faucheur qui nous traite en brin d'herbe, et qu'on appelle le Temps, dans les pâturages du désespoir, au lieu d'entonner enfin un lamento qui eût encore assombri l'atmosphère, ils s'occupèrent d'organiser.

Ce ne fut pas un titre de rente qu'ils cherchèrent d'abord ; aussi trouvèrent-ils celui-ci : Société de la Poularde, pour représenter dignement le pays et l'art. Ils ne prêchèrent pas dans le désert, ils trouvèrent de suite de nombreux et sûrs appuis dans la haute société Bressane.

Des sportmen, des militaires, des avocats, des journalistes soutinrent la jeune Poularde et en furent les principaux ornements.

Les sportmen et les militaires soignèrent la croupe, les avocats s'en prirent au bec et les journalistes à la plume.

Dans de telles conditions, la Poularde était fondée, bien fondée, on est du moins fondé à le croire.

AINSI SOIT-IL.

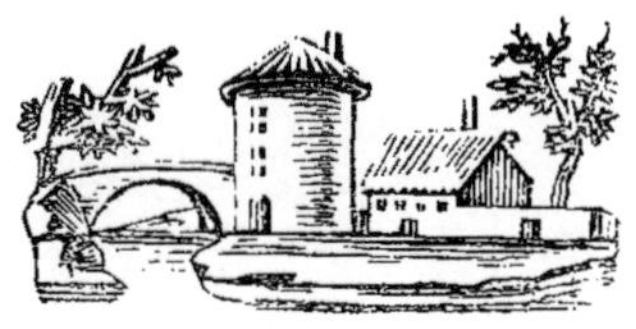

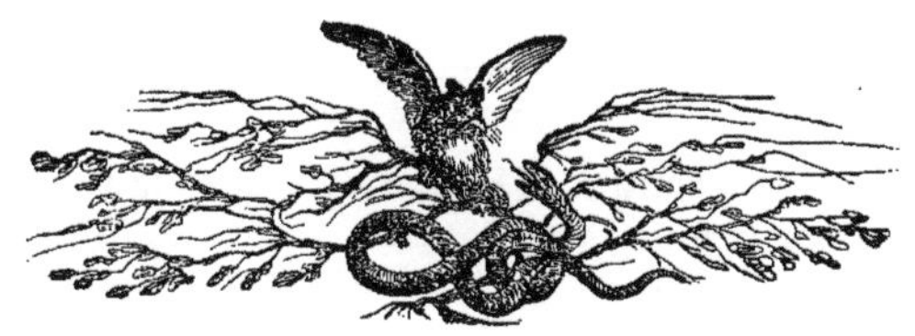

CHAPITRE II

DE LA REMONTE

Pour tout il faut une base. Il n'y a pas d'édifices sans cela. Eve est la base de l'humanité édifiée par le premier entrepreneur Adam.

A toute flèche il faut un but, sans cela pourquoi faire la flèche ?

Vénus est le but, Adonis est la flèche, et toujours la fléchomanie gouverne le monde.

Sans le déluge, la Poularde n'existerait pas.

Le déluge en effet engendra Noé ; Noé engendra une idée et cette idée engendra l'arche ainsi nommée pour rimer avec patriarche, car elle n'avait nullement la forme d'une arche. C'est ainsi que l'arche elle-même engendra la poésie, dont on n'avait pas de graine alors. Elle existerait peut-être tout de même dans ce siècle d'inventions étonnantes, mais elle serait sans rimes, comme elle est parfois sans raison.

C'est moi qui le dis, on n'est pas forcé de me croire.

Ce que j'affirme, c'est que Noé est la cause des malheurs de l'humanité, comme il en est le sauveur, et je le prouve.

En conservant un échantillon de toutes les espèces qui, avant le déluge, propageaient si abondamment les vices et les vertus

sur la terre, Noé a continué la vie, c'est-à-dire la raison de tous
nos maux et du peu de nos joies.

Sans Noé, nous n'aurions pas cette consolation — la Poularde — car on s'imagine peu la Poularde sans cette base — le
vin — et il est bien avéré que ce n'est pas à Bacchus, mais bien
à Noé que nous devons de boire ce jus qui nous fait faire parfois
de si grandes bêtises.

En plantant la vigne, Noé posa la base de l'ingratitude, parce
que l'ingratitude est une forme de l'oubli et que le vin en est la
source. Il n'emmagasina pas seulement les êtres et les plantes,
il emmagasina aussi leurs satellites :

> *Il y avait de tout dans l'arche,*
> *Des hommes et des animaux ;*
> *C'était assez, bon patriarche,*
> *Sans conserver la graine de nos maux.*

Gloire, quand même, à ce patriarche qui a sauvé la vigne
des eaux, comme la fille de Pharaon a sauvé Moïse, et qui sauva
les arts et la Poularde par dessus le marché, car la Poularde,
comme le pain sans levain.... Quelle galette..., ajoutons :

> *Comme la femme, c'est certain,*
> *Le bon vin n'est qu'en France.*
> *On sait qu'elle est comme le vin*
> *La base de toute espérance.*

Peut-être, direz-vous, que je suis bien bassinant : Que voulez-
vous, lecteurs, c'est la faute de la logique. On marche sur ses
pieds (et quelquefois sur ceux des autres) car on ne saurait
marcher sans pieds, pas plus qu'écrire sans idée.

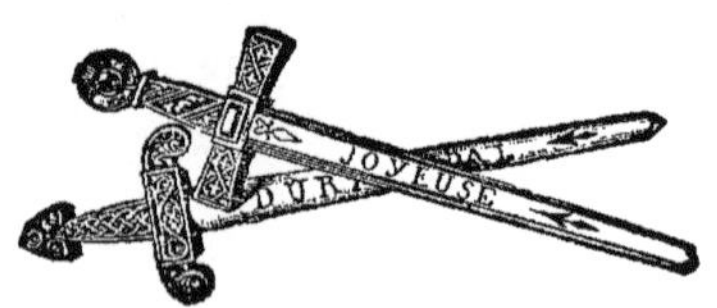

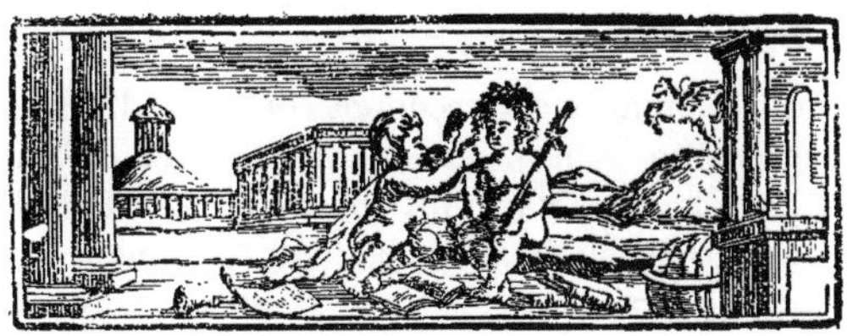

CHAPITRE III

DE LA BERCEUSE

Quand l'homme vient au monde, c'est qu'il ne peut faire autre·
ment ; c'est absolument comme lorsqu'il s'en va.

Méry a dit très justement :

On entre, on crie
Et c'est la vie ;
On crie, on sort
Et c'est la mort.

Ce n'est pas drôle ce que je vous dis là, mais enfin c'est vrai.

J'écrivais donc que le bébé qui vient au monde est un pauvre
petit bonhomme ou une pauvre petite bonne femme sans défense ;
il gigote en criant comme un naufragé que l'on retire de la mer.
Il lui faut des langes, on le débarbouille, et finalement on le
met dans un berceau. — C'est là où je voulais en venir.

La Poularde une fois fondée, il fallait lui trouver un berceau,
un nid ; la poule aimant mieux cela.

Louis Graminée (ne craignez rien, ce n'est pas un cours de
botanique que je commence) : c'est un nom autour duquel les

membres de la Poularde s'accrochent comme le lierre après un arbre ; il représente le propriétaire directeur du café artistique de la ville, lequel propriétaire fut chargé de l'installation de la salle de l'exposition, où devait avoir lieu également le dîner.

En sa qualité de graminée, cet excellent directeur aurait pu mettre des tapis de verdure, des tentures de fleurs ; mais, se souvenant sans doute que Mlle Scudéry avait écrit quelque part que la simplicité était une beauté de toutes les saisons, qu'elle était fleur au printemps et fleur encore en hiver, il ne mit rien du tout.

Le hasard qui se taille une si large part dans notre pauvre vie, ayant mis par ci, par là, on ne sait pourquoi, si ce n'est pour nous être désagréable, des courants d'air dont l'utilité échappait à notre perception, il les supprima généreusement.

La salle ainsi parée ressemblait singulièrement à la vérité, cette fille mal gardée, qui se plait au fond d'un puits parce qu'elle n'est bien vue de personne. On eut été cependant mal venu de se plaindre, car il fit en somme tout ce qu'il faut faire lorsqu'on doit recevoir et traiter une assemblée des plus artistiques, composée de gens en place, de personnalités les plus marquantes du high-life, de l'armée, de la presse et des arts.

Ce premier dîner, cette première exposition fut le berceau de la Poularde. Les idées les plus folles devinrent ses marraines et remplacèrent les fées que les contes nous représentent entourant les berceaux des enfants des princes.

Comme les fées, mêlant l'utile à l'agréable, elles ajoutèrent à ses charmes et les dons précieux dont elles la parèrent en firent une Poularde de première qualité, ce qui ne la rend pas plus fière pour cela.

Elle bat joyeusement des ailes ; elle pond — laissons-lui couver ses œufs, entonnons gaiment le cri du coq, berçons-la avec un air de circonstance et le langage approprié, sur l'air de : do, do, l'enfant do.....

Ko, ko, rokoko, cokerico, koroko.

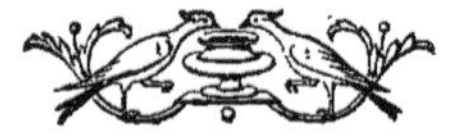

CHAPITRE IV

LE MENU

CHAPITRE A DIGÉRER

Epée de Damoclès suspendue sur les estomacs, il brillait comme un phare, et jetait sur les horizons des lueurs à donner le vertige. Comme sur un champ de bataille, ils étaient là les combattants, réunis en masse, menaçants, formidables, formant un carré plus ou moins long. Des pièces de quatre et surtout de vingt au long col, à longue portée, attendaient immobiles le moment de l'action. Le plan était bien conçu : on sentait que c'était un fier gaillard qui l'avait préparé. Que de combinaisons, que de menaces contenues ! Quels armements ! Quel serait le vainqueur ? *That his the question !* Est-ce lui qui dévorera les estomacs ? Sont-ce les susdits qui l'anéantiront ?

Car c'était un menu,
Qui n'était pas menu.
Mais, dont le but connu,
Etait le bienvenu.

Ce n'était pas ce que vous pourriez croire. Il n'y avait ni langues de perroquets, ni celles qu'Esope servit à son maitre Xantus, ni nids d'hirondelles, pas de salmis de sauterelles, pas de hannetons frits, comme les pauvres en mangent en Bavière. On aurait pu avoir le brouet des Spartiates, on ne l'avait pas ; on aurait pu y voir figurer les rôtis de petits chiens, dont les Chinois raffolent, on ne le fit pas par respect pour la race canine, amie de l'homme ; les amis ne devant pas se manger entre eux.

Que de choses on aurait pu y mettre qui n'y étaient pas ; car l'auteur comptait que le moment viendrait où on y verrait double, et qu'alors il y aurait un trop-plein qui remplacerait aisément le vide d'un oubli.

Et cependant ce menu était à la hauteur des circonstances ; il résumait le besoin de tous les appétits, politiques, gastronomiques, excentriques, poétiques et autres ; il ralliait toutes les opinions et unissait tous les convives dans une communion générale où l'esprit et le corps trouvaient leur pâture.

Il couvrit la table de débris honorables, et le combat finit, faute de combattants.

> *Car enfin l'estomac, fût-il des plus valides,*
> *Aspire à du repos.*
> *Il n'est pas comme le tonneau des Danaïdes*
> *Et s'arrête à propos.*
> *On en parlera dans l'histoire.*
> *Il éclairera l'avenir.*
> *Heureux ceux qui voudront y croire.*
> *Pour en garder le souvenir.*

C'était un menu chic, un menu type ; il restera comme un monument où les historiens iront chercher les documents qui prouveront à nos enfants que la faim justifie les moyens.

Tout fut enlevé avec entrain à la pointe de la fourchette ; tout fut sifflé, comme on dit dans les quartiers distingués des bords fleuris de la Reyssouze.

C'est ici que se place un incident mémorable. Sans l'influence de pièces de vingt qui tonnèrent toute la soirée, rien de tout cela ne fût arrivé, et le menu se fût éparpillé à tous les vents avec le calme digne d'un menu bien pondéré.

Le chapitre suivant portera à la connaissance du lecteur, l'événement qu'il n'attend pas, mais qu'il aurait été heureux d'attendre, s'il avait su qu'il existait.

Garçon ! servez l'événement, pas le journal.

BOUM !!!

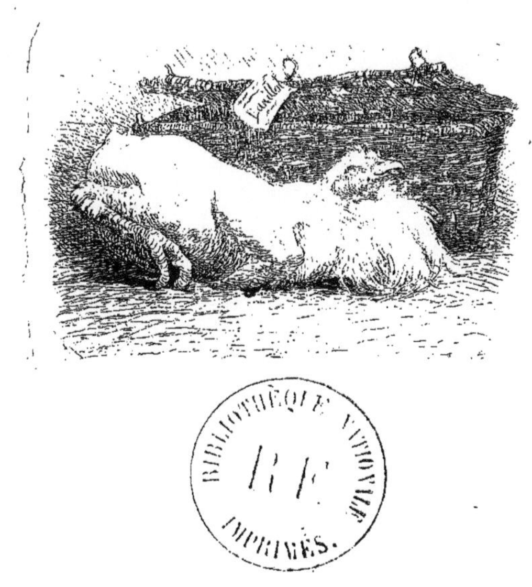

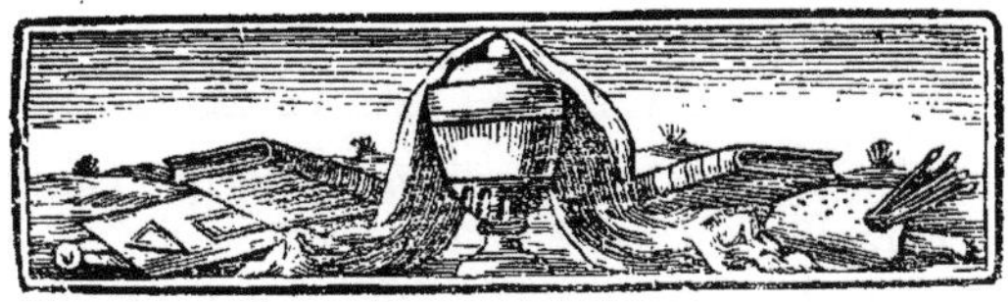

CHAPITRE V

WATERLOO, OU LE RADEAU DE LA MÉDUSE

Parce qu'on est un Incohérent, il ne s'en suit pas qu'on est un imbécile, et certainement on le serait de croire qu'on l'est.

Quand la Poularde fut installée, quand la salle fut décorée, comme il est dit à l'un des chapitres précédents, décorée comme elle aurait pu l'être, car on fit beaucoup de frais d'imagination, frais immédiatement couverts par une non exécution plus prudente que nécessaire, l'activité s'empara de tous les membres. Un grand fonctionnement commença; chacun avec son tic, avec son tact apporta au moulin (pardon) à la Poularde l'appoint de ses efforts.

Ne vous récriez pas quand je dis avec son tic, car c'est un tic admirable de protéger les arts et de concilier ce soin avec ceux que l'on doit à son estomac. Quant au tact, il en faut beaucoup pour ne pas être ennuyeux avec cet élément sérieux : l'Art. Donc, l'adjonction de l'adjectif incohérent, masque qui cache plus de vérités qu'on ne pense et qui est à la tête de cette Société, comme le dîner à la queue, a été une trouvaille.

Allons droit au but maintenant. Je tremble en abordant la question délicate qui s'agite dans les faits qui vont suivre, et qui jettent sur la Poularde un éclair de gaité.

Il faut que je lui emprunte la plus légère de ses plumes, que je lui taille un fin bec, que j'effleure le papier et que j'arrondisse toutes mes phrases.

Permettez-moi d'abord de vous présenter mon héros.

Veuillez entrer, mon jeune ami ; entrez dans ce chapitre ; venez chanter au lutrin avant de déguster le vermillon des moines.

Chers lecteurs, le jeune ami que je vous présente a tout pour lui, et il prête généreusement aux autres sous les aspects séduisants de l'amabilité et de la grâce.

Son talent d'imitation est capable d'effrayer Robert-Houdin. Figurez-vous que mon jeune ami tourne et détourne son œil comme on tourne la mappemonde sur son axe, comme on détourne le courant d'un ruisseau, comme on tourne enfin sur ses talons, ce qui lui permet d'avoir l'œil un peu partout. — On peut dire qu'il a un œil à pivot — j'ajoute, d'après cela, qu'il peut tourner l'œil sans mourir, ce qui fait mentir cette expression pittoresque, usitée dans les centres éloignés, et, chose plus précieuse, il peut, en prévision d'un accident qui lui ferait perdre la vue, mettre un œil de côté, comme on se met du pain sur la planche.

A ces qualités essentielles, il joint celle de licencié en droit ; il est très sensé, je dirai plus, il est recensé. En somme, très à cheval sur tout, excepté sur le quadrupède qui porte ce nom ; mais rendons-lui de suite cette justice que ses prétentions, par modestie sans doute, ne vont pas jusque là.

Que dirai-je de plus ? Ah ! il fait admirablement mouvoir les marionnettes, leur faisant dire un tas de choses et prendre mille expressions et poses charmantes.

Cet homme charmant devait, dans la mémorable journée qui se préparait, déployer ses multiples moyens et les résumer en un discours ; on devait toaster sous l'impulsion de sa parole, et les esprits entraînés par ce courant sympathique, devaient se rencontrer poétiquement (je dis poétiquement puisqu'on devait avoir le verre à la main et à la bouche) dans un choc formidable.

On attendait, et comme au moment d'un orage, l'atmosphère surchargée pesait sur les cerveaux et les tendait vers le moment espéré.

Que serait ce discours ? Ce toast ? L'humide artillerie avait
produit son effet ; des débris partout. On montait à l'assaut, et
les regards, comme autant de baïonnettes, hérissaient la table
d'éclairs fulgurants. On concentrait sur lui tous les feux de la
place, et rien, rien ne répondait. Qu'avait-il donc, ce puits ? (Je
l'appelle puits, vu son éloquence et son érudition.)

Lecteur, c'est ici que ton indulgence aura l'occasion d'un pla-
cement avantageux ; c'est ici qu'il te faudra plus que jamais
regarder par le gros bout de la lorgnette, afin que les choses ne
prennent pas à tes yeux les formes hydrophysiarques que le
malin esprit pourrait leur prêter. Jette la sonde en toi-même afin
de te mieux connaître et étendre sur autrui la bienveillance dont
généralement on honore ses défauts ou ses propres erreurs.

Rien, rien, rien, ai-je dit ! rien ne sortait. Cruelle ironie du
sort, malignité bien faite pour faire réfléchir les esprits les plus
légers. Cet homme sensé résistait aux sollicitations les plus
engageantes, restait muet obstinément. On attendait, tout tristes,
un mot, un son, un rien.

Hélas !!!

Adieu les beaux discours, la suprême espérance
Dans les libations des grands crus de la France
Tout est noyé ce soir.

Où donc est ton esprit, ô séduisant jeune homme,
Qu'as-tu fait de ta langue et de ton œil tourneur,
Est-ce toi que l'on voit, est-ce toi que l'on nomme
Le brillant orateur ?

Voilà donc ce que peut un verre de champagne !
Paralysant d'un coup ta langue et ton désir !
Vas-tu rester longtemps à battre la campagne
Naufragé du plaisir !

Memento, homo, memento !!! Et, ne riez pas, lecteurs, car
peut-être, ainsi que lui, serez-vous tous demain.

Comment finit cette cérémonie ? Personne n'en sait rien, la
notion juste du temps échappait un peu à tous les convives, lors-

qu'enfin l'horloge de Notre-Dame sonna, et leur dit, dans sa langue sonore :

Foutate mihi campum dehoribus, autrement dit : allez-vous coucher.

P. S. — Tout est bien qui finit bien.

Nous sommes heureux d'annoncer que le calme est revenu, et de donner à nos lecteurs le texte d'un toast qu'ils regretteraient de ne pas connaître.

Nous le faisons suivre d'une délicieuse poésie, qu'ils liront avec le plus grand plaisir.

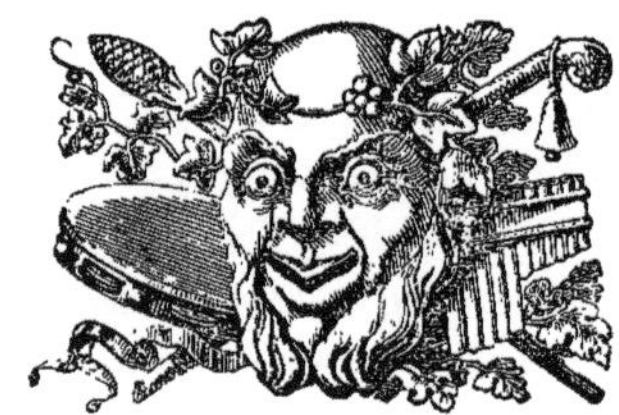

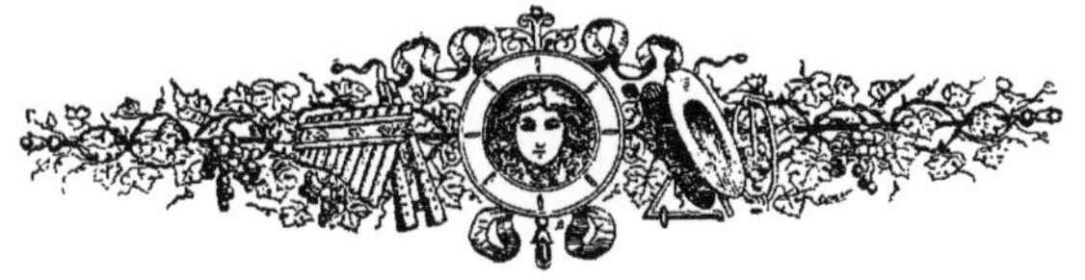

TOAST RÉTROSPECTIF

Salut à l'assemblée ! Et qu'elle me permette,
Un verre à chaque main, — d'être son interprète,
Près d'un vieux camarade, absent de cette fête !

Je bois à Lucullus, ce célèbre gourmand,
Dont vous avez tous ouï parler, certainement.
Les plus gourmands chez lui trouvaient de quoi se plaire,
Trompette n'eut été, près de sa cuisinière,
Rien que de la Saint-Jean, — Vatel, de la Saint-Pierre !

Le Falerne jauni, qu'à sa table ou buvait,
Aujourd'hui ferait honte aux caves de Chevet ;
A ses fourneaux Gouffé n'eut été qu'un godiche ;
Et le plus fin dîner qu'on prend au café Riche
Près de son ordinaire aurait paru bien chiche.....

Et pourtant son bonheur ne fut jamais complet ;
Car jamais dans sa coupe il n'a vu le reflet
Que fait le vin doré des côteaux de Champagne,
Ni ce pétillement que la mousse accompagne.....
Donc avant qu'on commence à battre la campagne,

Versez sur son malheur une larme avec moi !
Et disons, répétant le mot du bon vieux roi :
Pends-toi, brave Luculle, on a dîné sans toi !

T.

19✝19 = 38 !!!

Nous étions dix-neuf compagnons,
N'ayant pour tous péchés mignons,
Qu'un brin de gourmandise, un brin d'humeur gaillarde...
Des gens grognons
Bacchus nous garde !
Nous étions dix-neuf compagnons
A ce dîner de la Poularde !

Sur les vieux côteaux Bourguignons
Il pousse un petit jus d'oignons,
Qui nous a mis à tous, — comme un grain de moutarde —
A nos chignons
Une cocarde...
Nous étions dix-neuf compagnons
A ce dîner de la Poularde.

Mais quel orage de guignons
Couvait pendant que nous dinions?
Quand chacun, au dessert, sous la lueur blafarde
Des lumignons,
S'entre-regarde.....
Nous étions trente-huit compagnons
A ce dîner de la Poularde !

T.

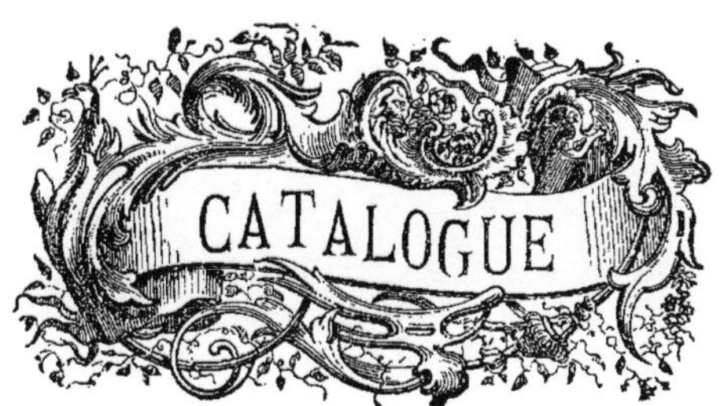
CATALOGUE

UNE CHANSON EN GUISE DE PRÉFACE

I

L'incohérence c'est la base
De tous les bonheurs d'ici-bas :
C'est le paravent ou la gaze
Qui cache de divins appas ;
C'est elle qui fait la bravoure,
Car on n'irait jamais au feu,
Si tout le fracas qui l'entoure
Ne nous étourdissait un peu.
L'incohérence c'est la bûche
Qui ranime le foyer mort ;
L'incohérence c'est la cruche
Qui contient la liqueur qui mord.

REFRAIN

De l'esprit pot au feu chantons la délivrance,
Pour mieux vous en guérir, ô peuple ! dans ce jour
Nous allons vous inoculer l'incohérence
Comme l'on inocule et la rage et l'amour.

II

Dans tout on voit l'incohérence ;
C'est la tête trop près du cœur,
L'Allemagne près de la France,
Le doute trop près du bonheur ;
C'est une fille trop jolie
Epousant un monsieur trop laid,
La vérité toujours salie
Par le mensonge qui nous plaît ;
L'incohérence c'est la femme
Qui songe déjà bien avant
Que son mari n'ait rendu l'âme
A un autre le remplaçant.

III

L'incohérence c'est la brune
Près de la blonde au teint de lait ;
L'incohérence c'est la lune,
Du soleil ce pâle reflet,
C'est la pluie avec la poussière,
Le froid, la neige ou bien le vent ;
C'est la routine tracassière
Qui gâte tout assez souvent.
C'est d'essayer en ce bas monde
En toute occasion, tout lieu,
Avec la brune ou la blonde
De garder le juste milieu.

IV

L'incohérence se faufile
Dans l'épicerie et dans l'art,
Et comme une étoile qui file
Echappe souvent au regard ;

L'incohérence c'est la vie ;
Depuis qu'on nous a baptisés,
Par l'amour, la gloire ou l'envie
Nous sommes tous hypnotisés.
L'incohérence est un langage,
C'est un art qui double l'esprit,
C'est l'oiseau sorti de sa cage,
C'est l'indépendance..... dixit.

REFRAIN

De l'esprit pot au feu, chantons la délivrance,
Pour mieux vous en guérir, ô peuple, dans ce jour
Nous allons vous inoculer l'incohérence
Comme l'on inocule et la rage et l'amour.

K. M.

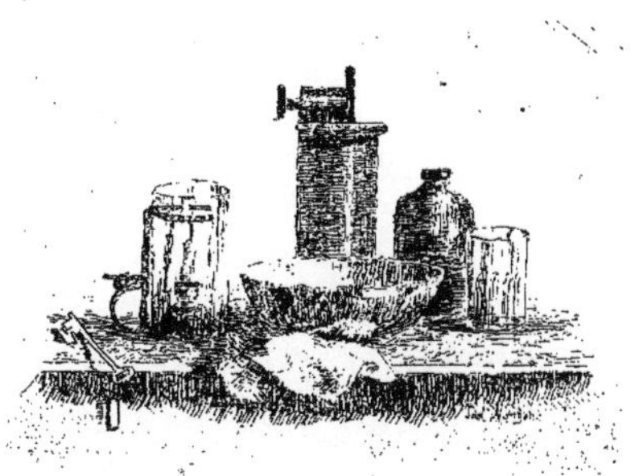

DISCOURS

Le bonheur ici-bas est un farceur aimable
Qui, pour un grand festin, nous invite souvent,
Et qui presque toujours, lorsqu'on est à table,
   Ne nous sert que du vent.
  On l'attend comme le Messie;
  On passe sa vie à rêver.
  A la décevante vessie
  Qu'un coup d'épingle fait crever.
On rêve dans l'éther une course éternelle
Et l'on crie à tue-tête, un joyeux : lâchez tout;
Mais ayant oublié d'attacher la nacelle,
A son tour le ballon vous lâche tout à coup.
Enfin, comme au vieux temps, pour les malheureux hommes
   Le destin n'a pas changé
Le bonheur c'est d'avoir, un jour mangé des pommes
Et le malheur, hélas, c'est d'en avoir mangé.

Comment débute notre vie ?
Messieurs, c'est à dormir debout ;
De quels tourments sans fin, n'est-elle pas suivie
Du premier bout au second bout.
On vient au monde, on crie, on tette,
On salit tout sans se gêner,
On a des croûtes sur la tête,
Dans tout on aime à se traîner ;
Et lorsqu'on ouvre la bouche,
C'est pour demander du nanan ;
Afin de voir son nez, on louche,
Malgré papa, malgré maman,
Le matin, l'on vous débarbouille,
Aussitôt que le jour a lui.
— L'enfant n'aime pas qu'on le mouille —
Il faut que ça vienne de lui —
Et puis, l'on vous traîne au collège,
C'est le moment le plus ingrat
De la jeunesse, c'est un piège
Où le temps vous prend comme un rat.
Des doigts tirant chaque phalange,
C'est à qui plus fort craquera,
Et lorsque le nez vous démange
On y met l'index, jusque là ;
On a de tout dans son pupitre
Qui devient un Capharnaum,
On fait des farces comme un pitre
Et l'on attrape des pensum,
Puis voilà la barbe qui pousse,
On vous rase très bien, et ça vous fait très mal
On s'enrhume, on mouche et l'on tousse,
Votre nez devient un canal.
A coup de bottes, sous la table
Et pendant un dîner trop long
A la dame d'en face, on croit être agréable
En écrasant ses cors, en broyant son talon,
En amour la guigne s'en mêle,
Ridicule du haut en bas
L'on bégaie ou plutôt l'on bêle
Un compliment banal, aussi bête qu'un bas

> On a recours au maquillage
> Qui fait si bien dans un salon,
> On raccommode son visage
> Comme on fait d'un vieux pantalon.
> Puis voici l'heure de la chasse,
> Cet exercice fait du bien.
Mais au lieu de tuer lapin, lièvre ou bécasse
On attrape un ami, son piqueur ou son chien.
> Sans réflexion, l'on se marie
> Pour au sort commun concourir,
> On vieillit, ça nous contrarie,
> Et puis enfin il faut mourir.
> C'est alors que l'on vous enterre.
Ici, pour vous, commence un éternel tourment,
Dans le caveau, tout près de votre belle-mère
> On vous cloue indéfiniment.
Vous comprenez bien que j'en passe, et des meilleures ;
Je vous fais grâce ici de plus d'un incident :
Mais avant d'arriver à nos dernières heures,
En avons-nous assez mangé de ce chiendent!!!
Sans compter que le ciel. comme pour se distraire,
> Nous condamne à boire, à manger
Tous les jours qu'il a faits : C'est la loi ordinaire
A laquelle on est bien forcé de se ranger.
Encore ne faut-il pas troubler dans leur service
> L'ordre et la marche des repas,
Car il en est plus d'un qui, rempli d'artifice,
S'arrête à mi-chemin et revient sur ses pas.

> Messieurs, convenez que ces choses
> Difficiles à digérer
> Font nos existences moroses
> Et qu'il serait temps d'en changer.
> Mais puisque l'on n'y peut rien faire,
> Puisqu'il faut subir le destin,
> Laissons donc couler la rivière
Et cherchons dans l'esprit un dictame certain.

Foin de la raison maladive
Qui se plaint sans cesse et gémit
En s'en allant à la dérive
Sur ce fleuve où le ciel la mit.
Tendons la main à Villefranche,
L'Alfred, par le destin béni,
Allons nous cacher sous la branche
Où l'incohérence a son nid,
Et puis pour bien finir cette cérémonie
Buvons les liquides ardents,
De nos morosités nettoyons notre vie,
Et curons nos esprits, tout en curant nos dents.

K. M.

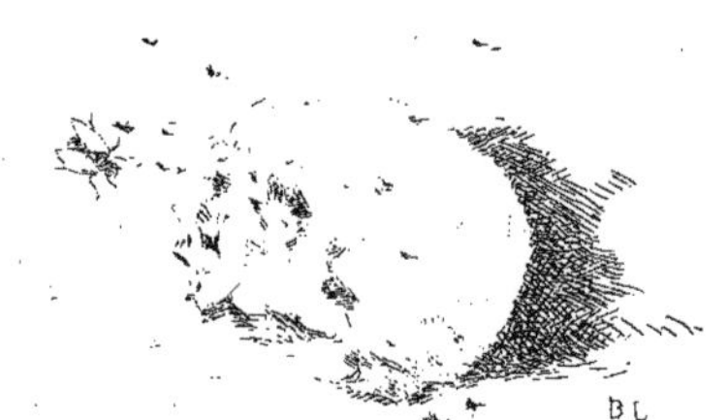

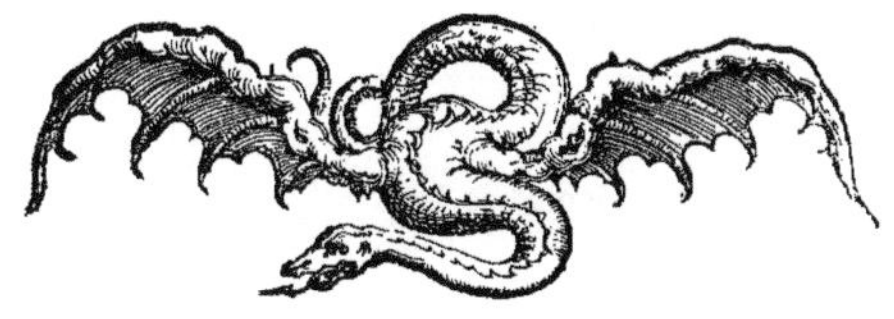

OEUVRES D'ART EXPOSÉES

Aglaomorphos (Francis), né à Mateur, élève de l'Ecole St-Cyr.

1 Le bon pasteur.

« Pour moi, je suis le bon pasteur, je connais mes chiens et mes
« chiens me connaissent, comme mon père me connait et que je connais
« mon père, et je donne ma vie pour mes chiens. »

Brave (Barthélemy), né à Vocat, élève d'Istingué.

2 Joubert *(dyptique).*

15 août 1799

> *Il était à Milan, il était à Lodi,*
> *Au milieu des dangers prodiguant sa personne,*
> *Il fit à Montenotte aussi bien qu'à Vérone*
> *Reculer l'ennemi ; il mourut à Novi.*
> *Son cœur était d'airain, son œil était de flamme,*
> *En mourant, il bravait encore son ennemi.*
> *Son glaive ne tomba que quand il rendit l'âme.*
> *De semblables héros ne font rien à demi.*

13 décembre 1885

La Préfecture en flamme éclaire ce géant
Qui dresse devant nous, sur son socle de pierre,
Sa taille de soldat d'une allure si fière
Qu'il semble défier la mort et le néant.
Dans le crépitement de la poutre qui tombe,
Passant, n'entends-tu pas murmurer une voix !
C'est celle de Joubert qui se voit de la tombe
Tournant le dos au feu pour la première fois.

Coligny (Michel de), né à Culéiforme, élève des lapins.

3 **L'homme Sandwich.**

Défriche (Eugène), né à Griculteur, élève de lui-même.

4 **Le Semeur.**

Ancien berger, ce grand agriculteur
Dirige une ferme modèle.
Chaque concours lui vaut une palme nouvelle.
Il a reçu l'étoile de l'honneur.

Evohé (Palmyre Mlle), né à Dlibitum, élève de sa mère.

5 **Le soir en Dombes.**

Farfadet (Jules), né à Rogant, élève de la nature.

6 **Télémaque.**

« Calypso aperçut tout à coup les débris d'un navire qui venait de
« faire naufrage, des bancs de rameurs, un gouvernail, des cordages
« flottant sur la côte ; puis elle découvre au loin deux hommes, dont l'un
« paraissait âgé ; l'autre, quoique jeune, ressemblait à Ulysse ; il avait
« sa grâce et sa fierté... etc..... »

(Les Aventures de Télémaque, Livre Ier)

Greffet (Auguste du), né à Djoint, élève de l'Ecole des arts libéraux.

7 **Portrait.**

« Ami passant, regarde : Tu vois ici l'image d'un futur maire, la chose
« est sûre. Ce conseiller municipal

> « *Etant déjà comme une étoile claire*
> « *En son pays adjoint très populaire.* »

Halonzi (Don Pedro), né à Légorique, élève de l'école des arts incohérents.

8 **Le roi de Trèfle.**

« D'après les méthodes anciennes de la divination par les cartes, le roi
« de trèfle est un homme équitable, bien disposé à vous obliger, désireux
« toujours de s'employer utilement pour ce que vous lui demandez. »

Implorela (Clémence Mlle), né à Bandonnée, élève de l'école laïque.

9 **Devinette.**

« Les solutions doivent être adressées dans la journée du 29 janvier,
« à l'un des membres de la Poularde. »
« La première qui parviendra recevra en prime l'Œuvre de Mlle
« Implorela. »

Jasseron (Paul), né à Dorable, élève d'Istingué.

10 **La Poularde** (redemandée).

Kilébeau (Ennemond), né à Necdotique, élève de l'école d'Athènes.

11 **Sub Sole** (panneau décoratif).

« La beauté du soleil, son vif éclat, sa régularité à porter partout
« la lumière l'ont fait aimer de tous les temps. C'était le Bel des Chal-
« déens, le Moloch des Chananéens, l'Adonis des Phéniciens, le Diony-
« sius des Indiens. Il reste l'espoir de la Bresse. »

Lécher (Pierre), né à Coucheur, élève du Temps.

12 **Esculape IV.**

Cicéron n'en compte que trois :

Le 1er qui passe pour avoir inventé la seringue.

Le 2e qui trouva l'usage des purgations et l'art d'arracher les dents.

Le 3e qui aurait peut-être découvert quelque chose s'il n'avait été tué par la foudre.

Le 4e que je vous présente

A su réunir le mérite
Du premier et du second.
C'est un protégé d'Apollon
Qui pour le garder à sa suite
Lui fit faire par les dieux
Deux présents pouvant satisfaire :
L'un est le talent de plaire
L'autre le secret d'être heureux.

Monpauvre (Donatien), né à Eriforme, élève décadent.

13 **Errare humanum est.**

Nabab (Richard), né à Ruspico, élève d'Avenir.

14 Chasse à courre.

Onlénomme (Frédéric-Félix), né à Léluia, élève de l'Ecole Carriat.

15 Souvenir d'Italie, de Bresse et d'Allemagne.

Passereau de l'Eglise (Auguste), né à Glutinant, élève de l'Etude.

16 Un décadent dans le monde.

« Il fut élu de la terre enfantine au matin rose d'un radieux été.

« Vous le voyez errant dans un salon éblouissant, comme une mer-
« veilleuse image, en l'habit parfumé de son contentement.

« Dans le jardin cruel il se promène, espérant cueillir une fleur.
« Je sais le lieu où il soupire!!! Ses yeux sont verts. Espoir est mort. »

Quélami (Paul), né à Venant, élève de M. Jasseron.

17 Le coup du lapin.

Rapin (Eléonore), né à Donique, élève de M. Quélami.

18 Le Maire de Vaise.

Singleton (Gaëtan), né à Musant, professeur.

19 **Fumisterie.**

Ventraterre (Aloys), né à Nacréontique, élève de M. A. C.

20 **Choucroute.**

21 **Mon beau-père et ma belle-mère.**

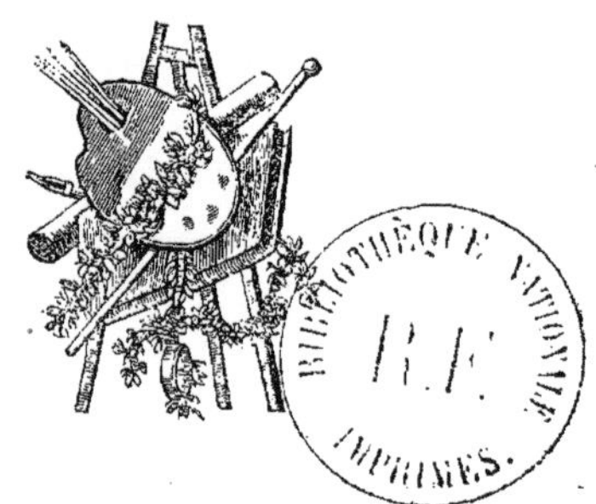

EN BALLADE

Montjuly le veut, Dieu le veut !
Et j'en conclus à la minute
Ce que Dieu veut, l'homme le peut...
Donc il faut que je m'exécute !

A tenir ce que j'ai promis
J'éprouve une anxiété sourde...
Entre nous soit dit, chers amis,
Je crois que j'ai fait une bourde !

Péchère ! dans quel plâtras
T'a mis l'orgueil qui te possède,
Etre poète ou n'être pas...
L'alternative est un peu raide !

Allons, du cœur ! La vie est dure,
Les ans sont courts, disait Hamlet !
Monsieur le Poète en rupture,
Allez vous pendre, s'il vous plaît !

Et puisse un jour le biographe
Tigre prêt à vous abîmer,
S'attendrir à cette épitaphe :
« Mort pour n'avoir pas su rimer. »

Bourg, imp. J.-M. Villefranche, place d'Armes, 1. — 128-87.

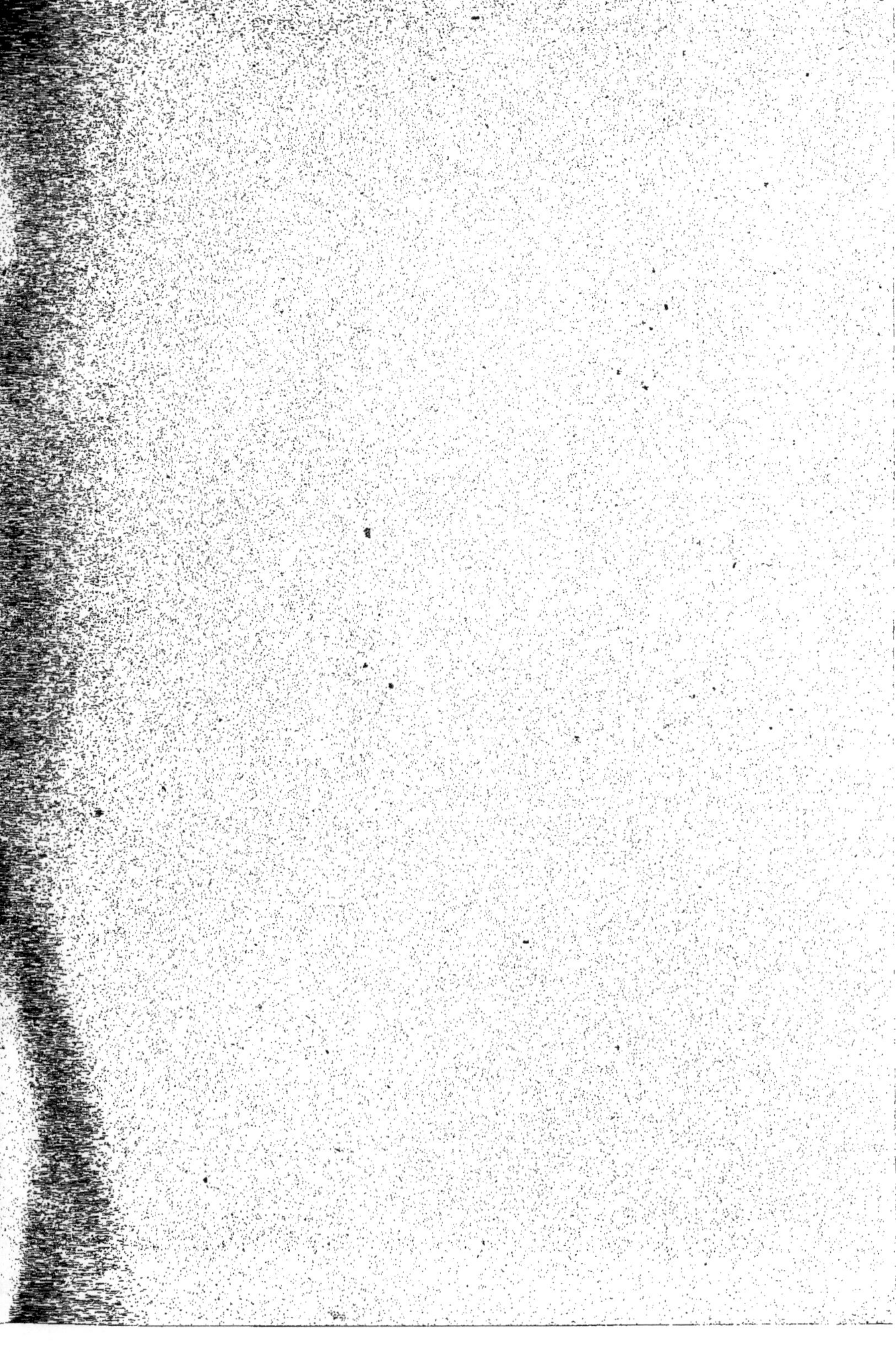

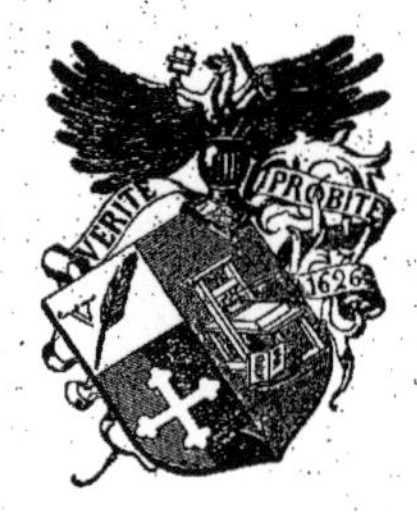

Ledict extraict des mémorables choses qui feurent exposées en cestuy Jour feust imprimé en la bonne Ville de Bourg, en place d'Armes et en nombre de cinquante-six exemplaires

www.ingramcontent.com/pod-product-compliance
Ingram Content Group UK Ltd.
Pitfield, Milton Keynes, MK11 3LW, UK
UKHW020044100726
13658UKWH00004B/1528